MÉTHODE

DE

LECTURE ET DE PRONONCIATION

Nota. Les Maîtres auront soin de consulter, sur la marche des leçons et les procédés à suivre, les directions contenues pour chaque leçon dans le *Livre* ou le *Guide du Maître*.

LIVRE DE L'ÉLÈVE.

1er COURS.

1re CLASSE. — 1re LEÇON.

	a	i	e
p	pa	pi	pe

pa pa   pa pe   pi pe
pi pa   a pi   pi e

a i e é o

p	pa	pi	pe	pé	po

é pi   pi pe   é pé e   é pi é
pi pé   po pe   pé pi e   é po pé e

3e Leçon.

a i e é o

p	pa	pi	pe	pé	po
r	ra	ri	re	ré	ro

---

a re   ra pe   o pé ra   pé ri ra
ri re   pa ri   ré pa re   ra pe ra
ra re   po re   o pé ré   ré pa ré

a i e é o è u

p	pa	pi	pe	pé	po	pè	pu
r	ra	ri	re	ré	ro	rè	ru

è re ru e o pè re ra pu re
pè re re pu ré pa re re pa ru
pu re ra pé pa ru re pa re ra
po re pi re o pé ra é pu ré

5e Leçon.

a e i o u é è

p	pa	pe	pi	po	pu	pé	pè
r	ra	re	ri	ro	ru	ré	rè
m	ma	me	mi	mo	mu	mé	mè

---

a mi mè re a mi e a mè re
é mu ma ri o pi me mo ru e
mi me ma re re mu é ma ri é
ra me mu ré mo mi e mo me ri e
ri me mi re mé ro pe ra me ra

a e é è i o u

p	pa	pe	pé	pè	pi	po	pu
r	ra	re	ré	rè	ri	ro	ru
m	ma	me	mé	mè	mi	mo	mu
d	da	de	dé	dè	di	do	du
l	la	le	lé	lè	li	lo	lu

---

de mi	mo de	i do le	dé mo li
la me	ri de	mo dè le	ra pi de
di re	du pe	a do re	mo ra le
li é	do ré	dé li re	do ru re
li me	ru de	mé di re	ma dè re

---

la mu le du pa pe — la pi pe de pa pa
la ra me do ré e — la da me paré e
la pa ro le du re — la li me ru de
la pi lu le a mè re — le ma la de dé li re
la la me po li e — la ru e dé mo li e
la mo ra le pu re — la mè re a do ré e

a e é è i o u

)	ba	be	bé	bè	bi	bo	bu
	fa	fe	fé	fè	fi	fo	fu

---

le	bo a	o bé i	a bo li
a de	lo be	o bo le	pa ra de
u me	dé fi	fi dè le	dé ro be
ou re	fo ré	fi le ra	re mu e
o be	fe ra	mo bi le	fé ru le
i le	fu ma	fo li e	fu ri e
u bi e	pi lé	a ra be	bi pè de
è le	ra de	ma la de	pa ro le

---

le bo a re mu e — la pi lu le fa de
la mu le a bu — la pa ra de dé fi le
la pi pe fu me — la pa ro le fi dè le
la ro be de bu re — ma mè re a fi lé
la mo de a bo li e — mo dè re la fo li e
la fé e li bé ra le — o bo le dé ro bé e

	a	e	é	è	i	o	u
d	da	de	dé	dè	di	do	du
l	la	le	lé	lè	li	lo	lu
b	ba	be	bé	bè	bi	bo	bu
f	fa	fe	fé	fè	fi	fo	fu
n	na	ne	né	nè	ni	no	nu
t	ta	te	té	tè	ti	to	tu

---

fi ni	ta ri	pi lo te	la mi né
lu ne	mè ne	pa tè ne	ré u ni
ta pe	di te	fa mi ne	la ti ne
é té	pu ni	fa ri ne	dé ri de

---

de la fi ne fa ri ne — le ti mi de pi lo te — u ne fi dé li té ra re — mo dè re ta ti mi di té — u ne a mi e fi dè le de ma mè re — a do re le pè re de la na tu re — la pa ra bo le mé di té e — u ne mi ne dé ri dé e — la fa mi ne a é té ru de.

	a	e	é	è	i	o	u
j	ja	je	jé	jè	ji	jo	ju
s	sa	se	sé	sè	si	so	su

---

jo li	ju pe	ju ju be	sû re té
sa lé	se ra	so li de	sa tu ré
je té	sa li	sa le té	tu li pe
se mé	je ta	jo li e	sa ti né
ju re	ja pe	ta pe ra	re je té
so fa	si te	na tu re	sa li ra
u ni	fé tu	ra do te	ru mi ne
mi ne	te nu	ba di ne	ra mè ne

---

la pa ro le ju ré e — je me re ti re — sa le la sa la de — le so fa se sa li ra — u ne jo li e ma ti né e — i mi te la sé ré ni té de ta mè re — je te ti re de la so li tu de — la pe ti te a dé jà sa li sa ju pe — le ma la de se ra sé pa ré.

	a	e	é	è	i	o	u
n	na	ne	né	nè	ni	no	nu
t	ta	te	té	tè	ti	to	tu
j	ja	je	jé	jè	ji	jo	ju
s	sa	se	sé	sè	si	so	su
v	va	ve	vé	vè	vi	vo	vu
z	za	ze	zé	zè	zi	zo	zu

---

vi ve	ra ve	to pa ze	mé lè ze
zè le	vi de	a va re	zi za ni e
la ve	rê ve	vo lu me	va ri é té
zé ro	sé ve	va ni té	zé lé e

---

la lu ne se lè ve—vé nè re ta mè re—la ra me du na vi re—la va ni té se ra pu ni e —la zi za ni e a é té se mé e — la du re té de la to pa ze—la vu e de la ri ve te ra vi ra —le zè le de la vé ri té—é vi te le pa vé sa le de la ru e.

a e é è i o u

c	ca				co	cu
g	ga				go	gu

---

ca ve	ga lè re	ri di cu le
ga re	é co le	co lo ri é
cu ré	ga lo pe	ga le ri e
go be	co lo ré	ca ra co le
cu ve	é ga ré	ca ma ra de
ga ze	re cu le	dé fi gu ré
ri ve	ca va le	zo di a ca le
zo ne	ga ba re	zi be li ne

---

la cu ve vi de—go be la pi lu le—la ca le du na vi re—u ne fi gu re co lo ri é e—la ca po te de ga ze—la ca va le ga lo pe—u ne é co le mo dè le—le ca lo ri fè re de la ca ve—u ne a ma zo ne ca ra co le—u ne ca ri ca tu re ri di cu le.

a e é è i o u
A E É È I O U

A li, É mi le, I da, O zé e, U ra ni e, A mé dé e, É o le, I du mé e, A dè le, U ri e, A ra bi e, É mi li e, I ta li e, O na te.

---

b c d f g j l m n p r s t v z
B C D F G J L M N P R S T V Z

Ba de, Bo ré e, Ca na da, Ca ro li ne, Dé da le, Do ri ne, Fa ti me, Fi dè ne, Ga za, Go a, Ju li e, Jé ré mi e, Lé o ni e, Li ma, Ma ri e, Ma la ga, Na ni ne, No vi, Pi la te, Pa vi e, Re né, Ro me, Sa ra, Su zé, To lè de, Ti vo li, Va lé ri e, Vé ro ne, Zé li e, Zo é.

VÉ NÈ RE TA MÈ RE—RÉ VÈ RE MA RI E — MO DÈ RE TA CO LÈ RE — É VI TE LA VA NI TÉ—RÉ PA RE TA FO LI E—I MI TE LA NA TU RE.

1re Leçon.

a e é è i o u

ch cha che ché chè chi cho chu
gn gna gne gné gnè gni gno gnu

---

co che ru che di gne cha ri té
rè gne chè re ga gné cha cu ne
si gne ro che ni che i gno re
ri che lé ché li gne chi mè re
pé ché ta che va che ma chi ne
ba gne sè che mè che re chi gné
ca ché chi che ro gné che ve lu

I gno re le pé ché — Si gne ta co pi e — A chè ve ta li gne — La bi che se ca che —Le co chè che mi ne — Le ca ni che lè che —Je ga gne ma vi e—U ne mè re ché ri e — U ne ro be ta ché e — La cha ri té du di gne cu ré — Le rè gne du pa cha — La ca pi ta le de la Po lo gne.

a e é è i o u

ch	cha	che	ché	chè	chi	cho	chu
gn	gna	gne	gné	gnè	gni	gno	gnu
ill	illa	ille	illé	illè	illi	illo	illu

---

ma ille	ba ta ille	ra ille ra
fa illi	sa illi e	cu ille ré e
ta illa	fa illi te	é ra illé
ba ille	ca na ille	cha ma ille
ca ille	se ma ille	mé da ille
pa ille	ri co che	ré pu gne

U ne ba ta ille ga gné e — U ne ma ille dé chi ré e — U ne fi ne sa illi e — U ne fa illi te ré pa ré e — Le ba illi a si gné — No é a ta illé la vi gne — La va che a dé vo ré la pa ille — La ca na ille se cha-ma ille — Ta ra ille rie a fâ ché ma mè re — La fi lo che se dé chi re.

L'a mi, l'é pi, l'i do le, l'o de, l'u ti le.— J'a do re, j'é tu di e, j'i gno re, j'o pè re.

eu				ou	
peu	feu	cheu	vou	nou	chou
seu	jeu	gneu	fou	lou	illou
deu	meu	illeu	tou	dou	jou

---

jeu di	mou che	ma jeu re
jou jou	che veu	sou illu re
meu le	feu ille	cha tou illé
pou le	bou illi	mi neu re
lou ve	fou illé	ga zou ille
seu le	a veu	dé pou illé

La mou che du co che — La feu ille du chou — Le jeu de bou le — U ne jeu ne pou le — La sou pe a bou illi — La fou le se mou ille — Le feu a ja illi du ca illou — La rou e de la ma chi ne se rou ille — Le fou re dou te peu le feu — U ne lou ve fa rou che — U ne seu le ta che a sou illé ma ro be neu ve.

— Le jou jou d'A dè le — L'a veu d'u ne a mi e — à de là, où d'où — Où va le fou.

an in on un

pan	chin	min	jon	zon	lun
gan	tin	gnin	illon	chon	vun
chan	fin	bin	bon	mon	cun

---

ma man	bon té	mon ta gne
cha cun	ga zon	An to nin
bou illon	chan son	ou ra gan
pin son	a lun	vi gne ron
lun di	mi gnon	ran cu ne
pan tin	din don	dé fun te

Le pin son chan te de bon ma tin — Le feu du sa pin du re peu — Ma man de man de son pe lo ton — Mon pan ta lon se ra fi ni lun di — On a ton du mon mou ton — Fan chon chan te u ne chan son — Mon la pin se ré ga le de la feu ille du chou — Le mou che ron se jou e du li on — Ton man chon ca che mon pan tin — On dan se ra u ne ron de — Ta tan te m'in vi te à sa fê te.

L'on de, l'an se, l'In de, l'u ni té.
L'é té s'a chè ve — Je m'a che mi ne.

ia, ié, iè, io, ieu, ian, ien, ion
oi, oin, oui, uè, ui, uin

---

dieu	chien	pia no	fio le
pion	mien	pié ton	tiè de
bien	juin	vian de	é pieu
lui	lieu	suè de	é tui
roi	pi tié	té moin	poin te

A do re Dieu — Le roi a o bé i à la loi — L'a mi tié se ra mon sou tien — U ne ta ba tiè re d'i voi re m'a é té vo lé e à la foi re — Le chien a sui vi la voi tu re — U ne voi le de toi le noi re — Pio che bien la vi gne—La soi ré e s'é cou le — A dieu— Le foin se cou pe à la fin de juin — Vi de le vin tiè de de la fio le — Je m'é loi gne du coin du feu — De la vian de bien cui te — Ma mè re a bien soin de son pia no — Mon se rin a fui de la vo liè re — L'ou ra gan a sou le vé la tui le du coin de la toi tu re — L'é pi d'a voi ne — La foi t'a ni me.

bl	blé	blan che	sa ble	blon de
cl	clou	clo che	bou clé	dé clin
fl	flan	flo re	fleu ve	gon flé
gl	glu	glou ton	gloi re	glan de
pl	pli	plu me	peu ple	plan te
br	brin	bran che	bri be	bron ze
cr	cri	cri ble	croi re	lu cre
dr	ca dre	ca dran	dru	man drin
fr	frè re	fron de	fri re	fran che
gr	gré	gran de	gra ve	gri ve
pr	prou	pri me	pro be	pra li ne
tr	trou	prê tre	trin gle	cloî tre
vr	lè vre	cou vre	vi vre	che vron

J'ou vre la fe nê tre — La plan che a été cri blé e — Un trou d'é pin gle — Mon frè re a ou bli é sa fa ble — Ta pro pre té a plu à no tre mè re — L'i vro gne ri e rui ne la san té — La so bri é té a ré ta bli no tre on cle — La trui te pré fè re un fleu ve ra pi de — Je trou ve vo tre plu me bien ta illé e — U ne poi tri ne é troi te.

mn pn **ps pt**		mné mon	pneu mo ni e	
sb	**sp**	sbi re	spi ra le	spa tu le
sc	**scr**	sca pin	scri be	scru té
st	**str**	sta ble	stra bon	sto re
cs	**x**	a xe	ri xe	lu xe
gz	**x**	e x i lé	e x o de	e x a mi ne

Une pneu mo ni e a rui né sa san té — Sca pin se ra ille de Sca ra mou che — On a é le vé u ne sta tu e à Pto lé mé e — Scru te ta con dui te — É vi te le scan da le — Mon pè re a lu le li vre de Stra bon — Le sbi re a spo li é la veu ve du scri be — Dieu a fi xé l'a xe du mon de — Le scan da le de ton lu xe in di gne la fou le — L'e x i lé a vé cu loin de sa pa- tri e — Ex a mi ne la spi ra le de la mon tre — L'a mi tié de Dieu se ra seu le sta ble — Un cri me e x é cra ble a dé pou illé mon on cle de son pa tri moi ne.

	a	e	eu	o	i	u	ou
b	ab	eb	eub	ob	ib	ub	oub
	ba	be	beu	bo	bi	bu	bou
c	ac	ec	euc	oc	ic	uc	ouc
	ca			co		cu	cou
d	ad	ed	eud	od	id	ud	oud
	da	de	deu	do	di	du	dou
f	af	ef	euf	of	if	uf	ouf
	fa	fe	feu	fo	fi	fu	fou
g	ag	eg	eug	og	ig	ug	oug
	ga			go		gu	gou
l	al	el	eul	ol	il	ul	oul
	la	le	leu	lo	li	lu	lou
p	ap	ep	eup	op	ip	up	oup
	pa	pe	peu	po	pi	pu	pou

---

job	mo ab	ra doub	ad mi re
lac	bouc	ac tif	ob jec té
sud	rob	dog me	ab ju re
neuf	bec	fleg me	struc tu re
seul	mil	a lep	op ta tif
cap	ap te	cru el	ju lep

Faites lire après la 8e et la 9e leçon les Exercices de la page 22, que la disposition typographique a forcé de placer après la 11e et la 12e leçon, afin de laisser en regard ces deux leçons qui présentent les voyelles longues et les voyelles brèves.

a e eu o i u ou

r	ar ra	er re	eur reu	or ro	ir ri	ur ru	our rou
s	as sa	es se	eus seu	os so	is si	us su	ous sou
t	at ta	et te	eut teu	ot to	it ti	ut tu	out tou
m	am ma	em me		om mo	im mi		
n	an na	en ne		on no	in ni		
ill	ail illa	eil ille	euil illeu	oil illo	il illi		ouil illou
x	ax	ex		ox	ix		
s	ans			ons	ins		
f. r.		oif	oir	ief	ier	uif	uir

---

cor	ar deur	par tir	at las
bis	es poir	é mail	om ni bus
Fox	mix te	ver meil	pas teur
noir	Pri am	si lex	ab do men
soif	re lief	fier té	cuis tre
juif	Se lim	mons tre	ins pec te

â a	ê e	ô o	eû eu
pâ te	mê me	dô me	jeû ne
mâ le	pê che	cô te	dé jeu ne
pa tin	mè re	Ro me	jeu di
ma lin	pè re	no te	de meu re

î i	û u	oû ou
gî te	mû re	voû te
vi te	é pu ré	dé rou te

Le dô me do mi ne la voû te — La rou te se ra sû re — La mû re a é té mû re jeu di —La jeu ne Ma ri e jeû ne — Lé on a fi ni sa tâ che à mi di — A dè le a u ne ta che à sa ro be — Le mâ tin rô de le ma tin — J'a chè te u ne pê che — La voi tu re mon te la cô te—Où va la fou le—D'où s'é cou le le vin—Un pâ le fan tô me a pa ru à ma vue — Si ton frè re pè che, ca che son pé ché — Le pâ tre a cou pé u ne bran che de frê ne.

bb	**ff**	a bbé	gri ffe	e ffroi
cc	**ll**	o ccu pé	co llé	se lle
mm	**nn**	fla mme	bo nne	chie nne
rr	**ss**	cou rra	gra sse	ve rre
pp	**tt**	na ppe	pa tte	ste ppe

La pa tte de la cha tte a tou ché la pâ te —La fo lle rô de à cô té de l'é cho ppe —Ta co tte se dé chi re par le cô té — L'es pion jou e un rô le in fâ me — La cha tte a é tran glé le la pin mâ le sur la ma lle — J'a ssis te à la me sse a vec pi é té —Su za nne a do nné un ve rre de vin à l'in co nnu —La ca ba ne du cha sseur a la for me d'un cô ne — J'ô te ma bo tte : e lle m'a ble ssé le ta lon — Do nne à l'in for-tu né la dî me de ton re ve nu — D'où a rri ve le ro ssi gnol? Il ni che là — U ne é to nnan te nou ve lle a par cou ru la vi lle — La so mme o ffer te par le dé bi-teur l'a a ffran chi de la de tte.

EXERCICES SUR LES 8e ET 9e LEÇONS.

Rien n'a pu al té rer le cal me de Job — Le sud du lac se ra à sec — J'ad mi re le fleg me de ma mè re — Le bouc brou te la feu ille de l'if — On a ob te nu du suc de la chi co ré e un re mè de ac tif — Ed gar a dé chi ré son pan ta lon neuf — Le roc a sou te nu le choc de la ca ta rac te.

Res pec te la ver tu du jus te — Le lac dé bor dé i non de la fer me du cul ti va teur — La mul ti tu de va cou rir à sa per te — L'ar tis te es pè re ob te nir u ne mé da ille d'or — Je pré fè re le fe nouil à l'ail — Le noir se por te pour si gne de deuil — J'ad mi re le cal me du soir — L'a mi ral a pu voir fuir le pi ra te — On é vi te un ca rac tè re fier — Le fac teur ru ral por te un sac de cuir noir — L'es poir a sur vé cu à la for tu ne — La lu miè re du gaz é ga le la lu miè re du jour — Pour fuir la fier té con sul te ton mi roir.

---

ch, gn, ill, x, bb, cc, ll, mm, nn, rr, ss, pp, tt,
eu, ou, an, in, on, un, â, ê, î, ô, û, eû, oû.

1re Leçon.

C = q k ch

C	devant	*a o u*	co con	ca non	cu ré
	devant	*an on un*	can ton	cou lé	cha cun
q	devant	*e i*	pi que	qui tté	quê te
	devant	*eu in*	li queur	quin ze	pi qué
k	devant	quelques mots étrangers	mo ka	kios que	ki lo
ch	devant		li chen	bra chi al	or ches tre

L'é pin gle pi que — Le ca nif cou pe — Re mar que le co quin qui a es cro qué l'é cu du cul ti va teur — Quel tris te spec- ta cle qu'un frè re qui at ta que son frè re — Un ton mo queur pro vo que la que- re lle — Le pou voir ar chi é pis co pal a ex co mmu ni é le cou pa ble — La rou e a cho qué la bor ne du quin ziè me ki- lo mè tre — L'a mi ral me con dui ra à Pé kin, ca pi ta le de la Chi ne — Le ca fé mo ka a u ne qua li té su pé ri eu re — L'A mé ri que a dû à Fran klin la con- quê te de sa li ber té — Le ca non a trou é la co que de l'es quif.

---

a b c d e f g h i j k l m n o p q r s t u v x.

a b c d e f g h i j k l m n o p q r s t u v x.

G = gu

G devant	*a o u*	gar de, go mme, con ti gu
	an ou on un	gan té, gou tte, dra gon
gu devant	*e é i*	dro gue, gui de, gué ri te
	eu in	lan gueur, san guin, guin dé

Le dra gon gar de la gué ri te — Goû te la fi gue que ta gou ver nan te a gar dé e pour toi — Le pi lo te gui de sur le gol fe l'é-lé gan te ga lè re — Di mi nu e la lon gueur de la guir lan de — Le re mè de gué ri ra le ma la de de sa lan gueur — La gue rre ne lan gui ra guè re — La sa ri gue re-dou te la gueu le du ti gre — An ti go ne a gui dé son pè re a veu gle — U ne gou tte de gou dron a ta ché la gar ni tu re de ma ro be — L'or ga nis te a par cou ru tou te la ga mme de l'or gue — Le dro-guis te a a che té de la go mme a ra bi que.

J = g ge

J	devant	*a o u*	jar gon, jou jou, ju ju be
g	devant	*e é è i*	ge nou, gi vre, gé ni e
ge	devant	*a o u*	pi geon, geo le, ga geu re

Vo tre jo li e chan son a bré ge la lon gueur du che min — J'é vi te un lan ga ge guin dé — Je re co mman de à la jeu ne sse la so bri é té — Le gé né ral a ga gné la ga geu re — Il a jou é un jeu d'é tour di — Qu'il a é té un gui de sa ge l'an ge con duc teur du jeu ne To bi e — Le re quin a cro qué l'es tur geon — Le pi geon cher che sa nou rri tu re dans la man geoi re — L'ou ra gan a dé gar ni le chê ne de son feu illa ge — L'é la ga ge dé li vre l'ar bre du bran cha ge qui le gê ne — Geor ge chan gea de ca ge son pi geon.

Z = s

Z { ga ze, zè le, zo di a que
bo oz, bron ze, on ze }

*s** ru se, poi son, é gli se

F = ph

F fou le, fa ble, fi gue, fan ge

ph pro phè te, Phi li ppe, phos pho re

La na ce lle ra se la sur fa ce a zu ré e du lac que ri de le sou ffle du zé phi re — Le phi lo so phe re cher che la vé ri té — Le sté no gra phe a pu é cri re le ser mon à me su re que le pré di ca teur l'a dé bi té — La fê te a é té trou blé e par la pa ro le du pro phè te — Le na vi re se di ri ge à la lu eur du pha re — Mon cou sin a reçu le quin ze la vi si te d'un phi lo so phe re no mmé — La brû lu re du phos pho re o cca sio nne u ne vi ve dou leur — On ex ploi te ra u ne mi ne d'as phal te.— J'é tu di e la sphè re.

* Entre deux voyelles.

S ss c ç t

*S**		sa bre, sé vè re, sortir
*ss***		ta sse, boi sson, ca ssa
c	devant *è i*	cè dre, ci té, ci ca tri ce
ç	devant *a o u*	ma çon, pla ça, re çu
t	devant *ia iel ion*	mar tial, par tiel, ac tion

Ce se ra sa me di qu'on cé lè bre ra la me sse nup tia le de la fi an cé e — Le ma çon a e ffa cé l'ins crip tion sur la fa ça de de l'é di fi ce — Ce tte ci ca tri ce d'u ne ble ssu re re çu e en fa ce de l'e nne mi a jou te à la di gni té de la fi gu re mar tia le de ce gé né ral — La fa çon d'a gir de ce tte per so nne dé cè le l'é du ca tion qu'e lle a re çu e — Un roi ma ni fes te sa pui ssan ce par sa sa ge sse, sa jus ti ce et sa mo dé ra tion — Le ca ci que cap tif sol da sa ran çon.

* Devant toutes les voyelles.
** Entre deux voyelles.

É = er ez

É dé, bon té, vé ri té
er co cher, o ran ger, poi rier, man ger
ez nez, chez, a ssez, li sez, ce ssez

Le ber ger a dé ro bé u ne poi re sur le poi rier du ver ger — L'o ran ger fleu ri ra le cinq jan vier — Le cui si nier est allé cher cher du gi bier sur le mar ché — Ve nez a vec moi chez le pâ ti ssier voi sin pour a che ter vo tre goû ter — Ce ssez de jou er — Pre nez vo tre plu me — E cri vez la le çon — Co rri gez, e ffa cez, a jou tez pour ê tre le pre mier — A llez a che ter du cam phre à la phar ma ci e voi si ne — Me ttez le nez à l'air — Mon trez un peu la tê te — Le bou lan ger a be soin du meu nier pour e x er cer sa pro fe ssion — On tra va ille a ssez à é le ver sa fortu ne, peu à cul ti ver son â me.

È=es et est ai ei

È	è re, pè re, frè re
es	les, des, ces, mes, tes, ses
et, est	pou let, bou quet, pro jet, est
ai	dé lai, e ssai, lai ne, ai gle
ei	rei ne, sei ne, vei ne, ba lei ne
*e**	de tte, na ce lle, bref, amer

Je cue ille rai ce tte fleur et je la join drai à la mie nne pour en fai re un bou quet —Cet ai gle est ble ssé—Son ai le sai gne et il a pei ne à vo ler — Le mal fai teur traî ne a vec lui u ne chaî ne pe san te— U ne nei ge é pai sse cou vre la plai ne— La ba lei ne est re gar dé e co mme la rei ne de la mer — J'ai é ga ré mon bil bo quet — Ce tte par fai te a mi e s'est do nné la pei ne de ve nir me voir — Voi là u ne be lle es pè ce de chie nne — A ppre nez moi quel est son maî tre — L'é gli se co mman de d'u ne ma niè re ex pre sse d'a ller à la me sse le di man che — Que lle fa ta le nou ve lle a di ssi pé l'i vre sse de no tre joi e.

* *Devant les doubles consonnes et dans les syllabes consonnantes.*

O = au eau

O	o bo le,	Po lo gne,	so lo	
au	au da ce,	au teur,	fau te,	tau pe
eau	ba teau,	ca deau,	rui sseau,	eau

Eu = œu

Eu	ne veu,	a veu,	veuf,	neuf,	neu ve
œu	œu vre,	vœu,	œuf,	bœuf,	sœur

A l'œu vre ju gez l'ou vri er — E cou tez, ô mon Dieu, le vœu du pri so nnier — J'ai vu ce ma nœu vre gro ssi er mal trai ter ce pau vre bœuf — Le pou let de ta sœur est sor ti d'un œuf—Le Sei gneur é cou te la pri è re et le vœu du pau vre qui sou ffre — Le cha meau a pa ssé l'eau sur un ba teau—O ffre ton cœur au Sei gneur — Le tau reau mar che à la tê te du trou-peau — Ex au ce la de man de du pau vre — Le bou cher au ra la peau du bœuf.

I = y

I	ti ré,	si gne,	li re,	es ti me
y	ty ran,	cy gne,	ly re,	a no ny me

---

ll = y

y	no y er,	mo y en,	no y au,	pa y er
	noi ier,	moi ien,	noi iau,	pai ier
	e ssu y er,	ro y au té,	pa y sa nne	
	e ssui ier,	roi iau té,	pai i sa nne	

La cru au té du ty ran a li vré au mar-ty re la sœur de Paul — Le cy gne ai me l'eau clai re du ba ssin du châ teau — Vo y ez la sy mé tri e de ce jar din — La lo y au té est le meilleur mo y en de fai re for tu ne — La phy si que ex pli que le mys tè re de la for ma tion de la fou dre — E ssu y ez le co lly re que le mé de cin a a ppli qué sur vo tre pau piè re — La ly re du bar de cé lè bre l'hy men de sa ro y a le maî tre sse.

An = am en em On = om Un = um

An	*am*	lam pe,	cham bre,	tam bour
	en	ven te,	sen sé,	ren du
	em	trem ble,	tem ple,	em ploi
On	*om*	om bre,	pom pe,	pro nom
Un	*um*	un,	par fum,	dé fun te

La lam pe trem blan te di ssi pe à pei ne l'om bre du tem ple—Si len ce : l'au di en ce co mmen ce—Le tam bour m'em pê che d'en-ten dre le ca pi tai ne qui co mman de—Ce tte ro se em bau me la cham bre de son par fum—Ren dez té moi gna ge à l'i nno-cen ce de vo tre com pa gnon—L'em pe reur s'a van ce au mi lieu de la pom pe de son tri om phe—On dis tri bue en son nom à cha que com pa gni e u ne ré com pen se é cla tan te—L'en fan ce est su je tte à la fai ble sse et à l'e rreur — La pru den ce con ser ve l'ai san ce—Fu yez la com pa-gni e de l'im pi e et du men teur.

In = im ym ain aim ein yn en

In	lin,	In de,	Pin de,	de ssin
im	lim be,	im bu,	sim ple,	im po li
ym	thym,	nym phe,	tym pan,	sym bo le
ain	main,	pro chain,	ai rain,	pa rrain
aim	daim,	e ssaim,	faim	
ein	frein,	de ssein,	pein tre,	cein tu re
yn	lynx,	syn dic,	syn ta xe	
en	Men tor,	mo y en,	ven dé en	

La rei ne est im pa tien te d'en ten dre la sym pho ni e de ce mu si cien qui a un nom eu ro pé en — Un plai deur im po li a in te rrom pu le si len ce de l'au di en ce — Le lis est le sym bo le de l'i nno cen ce — L'e ssaim pre ssé par la faim bu ti ne le thym et le ser po let — Ce tte sta tu e d'ai rain re pré sen te u ne nym phe au bain —Le cœur de l'im pi e est plein d'in jus- ti ce et d'im pu den ce — Mon cou sin a l'in ten tion de me vi si ter de main ma tin si le ciel est se rein — Je res te in cer tain sur le de ssein qui l'a mè ne chez moi.

LETTRES NULLES OU MUETTES.

L'ho mme	le Rhô ne	Es ther	Ju dith	*h*
L'a bus	un gros tas	sur pris	re fus	*s*
La croix	faux prix	heu reux	ja loux	*x*
Un nid	grand fond	fé cond	le bord	*d*
L'é tang	le sang	le poing	le seing	*g*
Un loup	beau coup	de drap	champ	*p*
Man chot	pe tit sot	l'es prit	le toit	*t*

Ma ten dre mè re — nos ten dres mè res *s*
Le vrai Dieu — les faux dieux *x*
Un beau châ teau — deux beaux châ teaux
Le grand rond — les grands ronds *ds*
Ce long é tang — ces longs é tangs *gs*
Un bon coup — de bons coups *ps*
Mon pe tit lit — nos pe tits lits *ts*

Il lit—e lle lut—il court—e lle sort *t*
La sœur coud—le mar chand vend—il rend *d*
Ils li sent—e lles lu rent—e lles sor tent
Les sœurs cou sent—ils ven dent *nt*
Les sœurs cou saient—ils ven draient *ent*
Tu chan tes—nous li sons—vous fai tes *s*
Tu vends—tu prends—tu tords—tu couds *ds*

EXERCICES.

Je dé cou vris ce nid de per drix dans le champ tout près du grand bois—Bien tôt nous li rons dans la Bi ble l'his toi re d'A bra ham, de Jo seph, de Ruth, d'Es- ther, et de Ju dith, et puis ce lle de Jé sus-Christ.—Les trois rois Ma ges, gui- dés par u ne é toi le mys té ri eu se vin- rent du fond de l'O ri ent jus qu'à Beth- lé em pour a do rer l'en fant Jé sus. — Je veux tou jours res pec ter mes vieux pa- rents et me mon trer re co nnai ssant des soins qu'ils ont pris de mes pre miè res a nné es.

J'ai me à en ten dre au prin temps les con certs har mo ni eux des oi seaux, les bruits loin tains des cas ca des, les jo y eux chants des la bou reurs et des ber gers. — Les hor lo ges pu bli ques in di quent l'heu re aux ha bi tants des vi lles.—Ceux des champs la co nnai ssent d'a près le cours du so leil et des é toi les. — Les sol dats cou ra geux ne crai gnent ni les tra vaux ni les com bats. — Les ca nards qui ttaient les bords du Rhin et se ca-chaient dans les é tangs par mi les joncs et les ro seaux. — Les Py ra mi des d'É-gyp te n'é taient pas bâ ties lors que Jo seph ad mi nis trait les é tats de Pha ra on. — Les Ro mains dé tes taient les pre miers chré tiens par ce qu'ils com pre naient que les ver tus et les e x em ples des en fants du Christ é taient la cri ti que vi van te de leurs pa ssions et de leurs vi ces.

En l'ab sen ce du pré si dent, les deux vi ce-pré si dents pré si dent l'a ssem blé e al ter na ti ve ment. — Les ver tus des en-fants pa rent leurs pa rents. — Les pou les cou vent dans la ba sse-cour du cou vent —Vos a mis ra con tent que vous ê tes con-tent. — Il con vient qu'ils con vi ent leur on cle à leur re pas. — Les sots ri ent de rien. — Le peu ple de vient meil leur quand ceux qui le gou ver nent ne dé vi ent pas de leurs de voirs.

---

a b c d e f g h i j k l m n o p q r s t u v x y z

a b c d e f g h i j k l m n o p q r s t u v x y z

Paris.—Imprimerie Bonaventure et Ducessois, 55, quai des Augustins.

www.ingramcontent.com/pod-product-compliance
Lightning Source LLC
LaVergne TN
LVHW020309230826
846091LV00006B/2606
* 9 7 8 2 0 1 9 4 9 3 0 6 6 *